Le Portrait Des Esprits (icon Animorum) De Jean Barclay... - Primary Source Edition

Albert Collignon

LE

PORTRAIT DES ESPRITS

(*Icon animorum*)

DE

JEAN BARCLAY

Entre les deux écrits principaux de Jean Barclay, l'*Euphormion*, roman satirique, et l'*Argenis* (¹), roman politique et allégorique, s'intercale l'*Icon animorum* qui, bien que ne rentrant pas dans le même genre, participe cependant quelque peu de l'un et de l'autre. La satire et la politique ont leur place en ce petit livre où l'auteur, faisant œuvre de moraliste, retrace les caractères des hommes, non seulement dans les divers âges et conditions, mais encore dans les différents pays de l'Europe. Toutefois, c'est à tort que, dans toutes les éditions de l'*Euphormion*, depuis celle de Jean Hess (Strasbourg, 1623), on a pris l'ha-

---

1. Voir mes *Notes sur l'Euphormion* (*Annales de l'Est*, années 1900, 1901) et mes : *Notes sur l'Argenis* (*Mémoires de l'Académie de Stanislas*, année 1901-1902).

bitude de comprendre l'*Icon* comme en constituant la quatrième partie (¹).

En réalité, l'*Icon animorum* est absolument distincte de l'*Euphormion* et se rattache à un genre qui, illustré en France par Montaigne, avait pris déjà et allait prendre en Angleterre un notable développement. « Vers la fin du règne d'Élisabeth, écrit M. J. Jusse-« rand (²), le portrait, les « caractères », l'analyse « psychologique du prochain et de soi-même, les tra-« vaux des moralistes étudiant de près l'esprit humain « et les différentes manières de le former ont un pu-« blic plus ample et plus avide que jamais. On aime à « vérifier et contrôler ; on note les mouvements de « son âme et de son cœur : on trace le tableau des « mœurs du voisin. » La psychologie et la morale se mêlent même dans une certaine mesure aux relations de voyages. Ainsi « les souvenirs de voyage de sir « Thomas Overbury (³) sont plutôt des essais sur les

---

1. La troisième partie est l'*Euphormionis Satyrici Apologia pro se,* Parisiis, apud Franciscum Huby via Jacobæa sub signo viridis Folliculi — MDCX cum Privilegio regis. — Dans cette apologie, dédiée à Charles-Emmanuel, duc de Savoie, Barclay se défend d'avoir eu la moindre intention de tourner en ridicule le duc et la duchesse de Lorraine, non plus que d'autres personnages, et d'avoir attaqué injustement les jésuites, ses anciens maîtres de l'Université de Pont-à-Mousson.

On pourrait établir quelques rapprochements entre cette apologie et la justification que présente La Bruyère dans la *Préface* de son *Discours prononcé dans l'Académie française.* Une certaine analogie dans les situations suffit à expliquer ces rencontres d'ailleurs rares et superficielles.

2. *Histoire littéraire du peuple anglais,* Paris, F. Didot, 1904, t. II, p. 860.

3. *Sir Thomas Overbury, his observations in his travels.* A. D., 1609, 1ʳᵉ éd. 1626, réimpr. par Arber, *English Garner,* IV, p. 297.

« mœurs des peuples qu'une description d'objets
« matériels » (¹).

L'influence de Montaigne avait été considérable en
Angleterre. Il y compta des lecteurs et des admira-
teurs nombreux, parmi lesquels se distinguent Shaks-
peare, Ben Johnson et Bâcon. Les *Essais* sont traduits
en anglais par John Florio en 1603 (²) ; mais dès 1597
Bâcon avait cité Montaigne et lui avait emprunté son
titre pour le donner au plus célèbre et au premier en
date des recueils d'essais en anglais (³), qui eut beaucoup d'imitateurs, entre autres Hall (⁴) et Overbury (⁵).

L'*Icon animorum* a donc sa place dans une série
d'œuvres de morale et ne se présente pas à nous
comme une production isolée. Elle paraît en 1614
à Londres, chez John Bill, *ex officina Nortoniana*,
sous ce titre : *Ioannis Barclaii Icon animorum*. C'est
un volume petit in-12 de 336 pages. Les éditions pos-
térieures, pour relier par un fil, si ténu et fragile qu'il
pût être, l'*Icon* à l'*Euphormion*, ont substitué dans la
dédicace du livre à Louis XIII le nom d'*Euphormio* à
celui de *Barclaius*, de sorte qu'il semble qu'Euphormion lui-même se transforme ici en moraliste (⁶).

Il me faut d'abord donner une idée de l'ouvrage de

1. J. Jusserand, *ibid.*, p. 862.

2. Traduction rééditée chez Natt en 1693.

3. *Essays. Religious Meditations. Plans of persuasion and
dissuasion*, London, 1597.

4. *Characters of Virtues and Vices*, 1608. Traduit en français
en 1610 sous ce titre : *Caractères des vertus et des vices.*

5. *Characters*, 1614. *Miscellaneous Works*, éd. Rimbault,
London, Smith, 1856.

6. Voir page 326 de l'édition de Hack. Leyde, 1674.

Barclay par une analyse succincte, mais qui n'omettra rien d'essentiel des seize chapitres dont il se compose. J'insisterai moins sur la partie où il traite de l'homme en général que sur celle, plus neuve et plus intéressante, où il décrit les mœurs et les caractères des nations de l'Europe.

L'auteur dédie son livre à Sérénissime et très-puissant prince, Louis XIII, roi très chrétien de France et de Navarre, auquel il souhaite Bonheur, Victoires, Triomphes — *Felicitatem, Victorias, Triumphos.* — Dans sa préface, écrite en un latin très soigné, il lui expose le dessein de son ouvrage, qui est la peinture des esprits et des mœurs ; il l'offre, quoique étranger, *externæ gentis homo,* au roi de France, ami du roi de la Grande-Bretagne. Peut-être lui sera-t-il donné de retracer un jour l'image de Louis XIII lui-même, appelé à égaler les vertus et la gloire de son illustre père ([1]).

Le tableau des quatre âges de l'homme qui forme le premier chapitre de l'*Icon* mérite de figurer en assez bonne place parmi les morceaux si nombreux, soit en vers, soit en prose, qui traitent ce lieu commun ([2]). Il a de l'agrément à défaut d'originalité, car on y reconnaît plus d'un trait emprunté à la *Rhétorique* d'Aristote ou à l'*Épître aux Pisons* d'Horace. Sur un point

---

1. Dans le projet énoncé ici on peut voir une conception, encore vague et confuse, de l'œuvre qui, longtemps méditée, deviendra l'*Argenis.*

2. Noël et Laplace en ont donné des extraits dans leurs *Leçons latines modernes de littérature et de morale.* Paris, Le Normant, 1830, t. I.

cependant, Barclay apporte des vues qui semblent plus personnelles, c'est quand il parle de l'éducation et de l'instruction de l'enfant. Sa pédagogie est indulgente et pleine de sens. Comme Montaigne, il veut qu'on laisse à l'adolescence les jeux et les ébats qui conviennent à cet âge (¹). Il insiste avec raison sur un principe trop souvent méconnu par les modernes réformateurs, sur la nécessité de cultiver beaucoup la mémoire dans le jeune âge : c'est quand le cerveau est encore tendre que les langues s'apprennent avec une facilité singulière (²). Pour utiliser cette heureuse disposition de l'enfance, il esquisse un programme d'études élémentaires très raisonnable et affranchi du pédantisme qui régnait alors (³).

Après avoir indiqué comment l'âge modifie le caractère de l'homme, Barclay examine de quelle manière il est également modifié par la diversité des siècles et des pays. Cette étude est précédée d'un curieux chapitre où il nous raconte une promenade à Greenwich, sur les bords de la Tamise, et nous fait part des réflexions qu'elle lui a suggérées. Je traduis ce morceau (⁴) :

« Greenwich est une très ancienne résidence des « rois d'Angleterre, à quatre milles au sud de Lon-

---

1. P. 4. Nous renvoyons toujours à l'édition *princeps*.

2. Cf. La Bruyère, chap. XIV. *De quelques usages*, 71. « L'on ne peut guère charger l'enfance de la connaissance de trop de langues, sq. »

3. Ce pédantisme, il l'a aussi combattu dans un chapitre de l'*Euphormion* (L. I, ch, 20), qu'il faudrait réunir à celui-ci, si l'on voulait, ce qui en vaudrait peut-être la peine, faire une étude spéciale des idées pédagogiques de Barclay.

4. P. 24, chap. II.

« dres, sur les rives de la Tamise. Le palais est dominé
« par une montagne dont le sommet, d'une moyenne
« élévation, regarde la ville et le fleuve. L'on y monte
« par une succession de petites collines qui mènent à
« un plateau d'une grande étendue. Le hasard m'y
« avait conduit un jour, de très bon matin ; autour de
« moi la solitude était profonde ; personne qui pût
« interrompre le cours de mes pensées, qui vaguaient
« et se jouaient avec la plus délicieuse liberté.
« Mais, plus promptement peut-être que mes yeux,
« mon esprit fut ravi par le charme d'un panorama
« qui est le plus beau non seulement de l'Angleterre,
« mais on pourrait dire de toute l'Europe. C'est
« d'abord une vaste plaine qui est comme suspendue
« à quelques petites collines, puis des montagnes
« formant une sorte de cirque qui, sans borner aus-
« sitôt la vue, ne la laissaient cependant pas se perdre
« dans l'immensité du ciel. La Tamise répand parmi
« le voisinage l'abondance féconde de ses eaux, et
« ses flots, décrivant une courbe au pied de la mon-
« tagne, y font une sorte de presqu'île. Partout, sur
« son cours, on aperçoit des navires et toute espèce
« de bateaux de transport. Je voyais complètement les
« plus rapprochés de moi ; mais, pour ceux qui station-
« naient plus loin ou que me cachait en partie la hau-
« teur de la berge, leurs mâts et leurs vergues m'ap-
« paraissaient comme une forêt que l'hiver a dépouillée
« de son feuillage. Rien n'est plus verdoyant que cette
« contrée. Le profit qu'on tire des pâturages la sous-
« trait à la culture des céréales, et presque en aucun
« autre lieu la terre ne produit avec une telle fertilité

En présence de ce paysage qui le ravit, Barclay se prend à réfléchir que ce qui l'a tant charmé pendant cette promenade, c'est la diversité même des spectacles qu'il a eus sous les yeux. Cette variété éclate partout dans les œuvres de la nature, où les contrastes abondent, où la plaine s'oppose à la montagne, les terrains arides aux champs fertiles. Elle nous frappe aussi dans les caractères des hommes, qui changent avec les époques. Chaque siècle en effet a son génie qui porte les esprits à de certaines inclinations ('). Jetant un rapide coup d'œil sur l'histoire du monde, Barclay signale les changements accomplis après qu'aux civilisations grecque et romaine la barbarie a succédé. Mais la Renaissance est venue dissiper les ténèbres du Moyen Age. C'est par la science, l'amour des lettres, la politesse des mœurs, l'*humanitas* en un mot, que se caractérise le siècle présent. Mais peut-être celui qui le suivra sera-t-il plus grossier et plus rude, pour être remplacé à son tour par une nouvelle période de haute culture intellectuelle.

Si chaque époque a son génie propre, on constate qu'il en est de même pour chaque pays :

Les climats font souvent les diverses humeurs,

ainsi que l'écrit Boileau.

« l'immense cathédrale dominait encore, toute découronnée « qu'elle fût, la ville entière, rappelant, avec ses arcs-boutants « légers, ses belles rosaces, ses vitraux et sa profusion de sta- « tues, nos grandes églises de Rouen et d'Amiens. » JUSSERAND, *Histoire littéraire du peuple anglais*, L. V, chap. I, 5.

1. *Nam omnia sæcula genium habent qui mortalium animos in certa studia solet inflectere*, p. 30.

Par l'hérédité se transmettent les traits dont chaque peuple est marqué et que Barclay se propose d'esquisser. Il espère qu'aucune des nations dont il va parler ne s'offusquera si, rapportant avec fidélité les qualités de chacune, il indique ses défauts avec la même franchise. Il bornera son étude aux peuples qui habitent l'Europe, les seuls qui aient entre eux des rapports constants et qu'il y ait profit à connaître. Que sait-on au surplus de l'Afrique, en dehors du littoral et des régions traversées par le cours supérieur des grands fleuves ? En Asie, combien les Perses sont éloignés de nous, aussi bien par l'impiété de leurs superstitions que par la distance des lieux ! L'Inde est peu visitée, sauf par les Portugais. Les Espagnols se réservent l'Amérique et ne permettent presque à aucun autre peuple d'y pénétrer. Que dire de la Tartarie ? de la Chine, qui se refuse à tout commerce avec les étrangers ? Barclay ne sortira donc pas de l'Europe, et encore avec le très vif regret d'y rencontrer les Turcs.

Comme son livre est dédié à Louis XIII, la courtoisie lui fait un devoir de commencer par la France sa revue des nations (¹). Après un résumé sommaire de l'histoire de la Gaule, il vante la richesse et la fertilité du sol, la variété des productions, les ressources qu'offre à la navigation ce pays baigné par l'Océan et la Méditerranée. Quelle puissance ne pourrait-il pas acquérir sur mer, si les Français étaient aussi capables de soutenir leur effort qu'ils le sont d'agir par de

---

1. Chap. III.

soudaines impulsions ! Si Barclay n'était pas mort avant l'âge, il aurait pu voir Richelieu créer notre marine et prouver que l'esprit de suite et la persévérance dans les desseins ne sont point étrangers au caractère français.

Cependant, il faut reconnaître que, d'une manière générale, Barclay a raison quand, après avoir célébré la vaillance, la loyauté de nos aïeux et leur attachement à leurs rois, il leur reproche une légèreté et une insouciance qui ne leur ont pas permis de conserver leurs conquêtes. Ils se sont laissé aller à un excès de confiance en leur ascendant ou de dédain pour leurs ennemis mal soumis, ou encore à des abus de pouvoir. Par là, ils ont perdu la Lombardie, Naples, la Sicile, qui avaient été le prix de leurs brillantes victoires.

Les Français ont en propre une politesse et une élégance que souvent, mais avec maladresse, s'ingénient à copier les autres nations, en singeant leurs modes et leurs gentilles manières. Mais, entre toutes les qualités des Français, celle que les étrangers doivent le plus apprécier, c'est leur bienveillance, leur amabilité si accueillante.

« Non, écrit Barclay (¹), le monde ne pourra jamais « remercier assez cette France hospitalière qui semble « ouvrir à l'humanité un temple où peut trouver asile « la fortune de tous les étrangers. Dans un homme, « c'est la valeur personnelle qu'elle considère, et non « pas le lieu où il est né ; elle ne partage pas le pré-

---

1. P. 52.

Et plus loin ([1]) :

« La parfaite courtoisie des Français n'est ni une
« feinte ni un piège perfidement tendu à ceux mêmes
« qu'elle flatte. La trahison et les haines secrètes leur
« sont inconnues ([2]) ; ils traitent avec égards tous ceux
« qui demandent à leur être présentés et à lier com-
« merce avec eux, et chacun se voit choyé par eux
« suivant sa condition. »

Passant aux diverses classes de la société en France,
Barclay nous montre la noblesse française pleine de
fierté, faisant plus de cas des honneurs que de la fortune et leur sacrifiant la vie elle-même. Elle méprise
en revanche tout travail qui pourrait l'enrichir ; de là
résultent souvent une pauvreté et même une gêne qui
la portent parfois aux séditions et au crime.

En France, le commerce n'est pas considéré autant
qu'il devrait l'être. L'Angleterre a des sentiments tout
autres ; là, un gentilhomme ne se croit nullement ra-
valé pour se livrer au trafic, tandis qu'un noble français en rougirait. Que dis-je ? En France, les marchands
eux-mêmes, dès qu'ils ont amassé de l'argent, se

---

1. P. 65.

2. Parlant du Français, Duclos écrit : « La frivolité qui nuit
au développement de ses talens et de ses vertus le préserve en
même temps des crimes noirs et réfléchis. — La perfidie lui est
étrangère, et il est bientôt fatigué de l'intrigue. » (*Considérations
sur les mœurs.*)
Mon intention n'est pas de multiplier les rapprochements de
ce genre, ce qui serait facile. En ce qui concerne la France, je
me bornerai à renvoyer au livre de M. Alfred FOUILLÉE, *Psychologie du peuple français* (Paris, Alcan, 1898). Voir en particulier le chapitre VI du livre III, *L'esprit français jugé par les
étrangers.*

hâtent de diriger leurs fils vers des carrières qu'ils estiment plus brillantes. C'est ainsi qu'ils recherchent pour ceux-ci les charges honorifiques. On s'endette à l'envi, on se ruine en France pour acheter des offices peu lucratifs, ou qui ne le deviennent que si on se livre à des actes illicites, — offices dont les enchères opiniâtres ont depuis longtemps exclu la vertu des pauvres ([1]). Ainsi la vénalité des charges, profitable au Trésor, fait arriver aux honneurs des hommes d'extraction assez basse, fils de négociants enrichis ([2]).

La jeunesse française, exubérante, frivole, moqueuse, impertinente, se laisse emporter par une folle impétuosité. Quelques-uns, il est vrai, affectent une gravité froide et prudente ; mais, sous ce masque, la légèreté naturelle ne tarde pas à reparaître. Barclay constate cependant chez les jeunes Français l'existence d'un caractère mixte qui, réunissant les qualités des deux autres, a tout ce qu'il faut pour plaire. Suit une re-

---

1. *A quibus pervicax licitatio jamdiu egentium virtutes exclusit*. P. 56.

2. « Le marchand et l'artisan, s'il est une fois riche, pousse « ses enfants sur les sièges de la justice et croit que sa famille « est bien parée, si quelqu'un des siens peut porter une robe « de conseiller. Des avocats, qui sont sans langue, sans cause « et sans sac, des procureurs, des clercs, des greffiers, des no- « taires et des sergents inutiles, on en ferait une armée assez « puissante pour porter la terreur jusqu'au Levant. » Louis COULON, l'*Ulysse françois ou le Voyage de France, de Flandre et de Savoye*. Paris, chez Gervais Clousier, 1643, 8º, cité par A. Babeau (*Les Voyageurs en France depuis la Renaissance jusqu'à la Révolution*. Paris, F. Didot, 1885), p. 90. M. Babeau fait remarquer que Barclay a été mis à contribution par Louis Coulon pour le portrait qu'il trace des habitants de la France.

marque qui est sans doute le fruit de l'expérience personnelle de Barclay et dont la justesse s'est trop souvent vérifiée. Les Français, si hospitaliers chez eux aux étrangers, ont le défaut d'être, en dehors de leur pays, jaloux les uns des autres et incapables de vivre en bon accord. Aussi leurs disputes et rivalités leur font-elles beaucoup de tort aux yeux des nations qui leur donnent asile.

Un vice funeste des Français, c'est la passion des duels qui sévit parmi eux. Pour les causes les plus futiles, une plaisanterie innocente, une querelle dont l'objet est insignifiant, ou même pour le simple désir d'acquérir de la réputation, on voit la jeunesse se porter à des meurtres affreux qui détruisent l'espoir des familles. Que de sang versé en pleine paix sans nul profit pour le pays ! « Quelle est cette démence, s'é-« crie Barclay, de venger ses injures non par raison, « mais par violence, à la façon des bêtes féroces ? « Quelle folie de remettre le jugement de son bien et « de sa vie à un art qui est presque un art de bate-« leurs, et à la fortune qui souvent trompe l'art lui-« même, si bien que c'est le succès des armes qui fait la « justice de la cause ! » Apostrophe véhémente où plus d'une expression est empruntée à l'invective de la *Pharsale* contre la guerre civile. C'était l'époque où la fureur du duel, arrivée à son paroxysme, allait appeler les sanglantes répressions de Richelieu. L'*Argenis* contiendra de même une sévère condamnation du duel. Au reste, il serait aisé de signaler dans la littérature du temps mainte page indignée contre cette coutume homicide.

semences. On y voit croître le laurier, le romarin. La vigne peut y mûrir ; car les belles collines de Cantorbéry, la région de Wilton, d'autres encore qui regardent le midi et le levant ont eu autrefois des vignes, qui ont été arrachées et ont fait place à des pâturages, parce que le vin qu'on tirait de la Gascogne revenait à meilleur compte. L'extension des pâturages a eu aussi pour cause la disparition des loups, exterminés par les chasseurs ([1]). Or les loups étaient le fléau du bétail, qui constitue aujourd'hui une des principales sources de richesse pour l'Angleterre.

Ce pays a eu de plus cette bonne fortune que depuis longtemps son sol n'a eu à souffrir d'aucune invasion étrangère. Non moins grande est sa sécurité à l'intérieur, car les troubles civils y sont rares et de courte durée. Constatation qui devait cesser d'être vraie moins d'un demi-siècle après la date où Barclay la faisait. Au moment où il écrit, Cromwell a quinze ans.

Une des conséquences de la grande prospérité de l'Angleterre est que les artisans n'y apportent pas au travail autant d'application qu'ailleurs. Une fois reçus maîtres, ils abandonnent volontiers la besogne aux

---

1. Le Fontaine fait ainsi parler le loup, dans sa fable *Le loup et les bergers*, L. X, 6 :

Le loup est l'ennemi commun :
Chiens, chasseurs, villageois s'assemblent pour sa perte ;
Jupiter est là-haut étourdi de leurs cris ;
C'est par là que de loups l'Angleterre est déserte :
On y mit notre tête à prix.

« Edgard, roi d'Angleterre, vers l'an 961, convertit le tribut d'argent que les habitants du pays de Galles payaient à son prédécesseur en une redevance annuelle de 300 têtes de loups. L'île entière en fut délivrée. » (Note de Walckenaer).

apprentis, pour se livrer à divers jeux. Le peuple a de la fierté et de l'indépendance, mais respecte les nobles. Les dignités de ceux-ci sont héréditaires. Ils jouissent de certains privilèges : ainsi ils sont exempts de la contrainte par corps pour leurs dettes et ne subissent pas la torture, même lorsqu'ils ont commis les plus grands crimes.

Un des traits distinctifs du caractère des Anglais est la gravité et l'orgueil national. Ils font d'excellents marins et aussi de bons soldats sur terre, quands ils trouvent la nourriture qui convient à leur vigoureux appétit, disons mieux, à leur gloutonnerie. Ils méprisent tous les périls, même la mort, ainsi que le prouve une anecdote, narrée par Barclay, qui se rapporte à la guerre de l'indépendance des Provinces-Unies ([1]).

Les lois des Anglais, qui leur viennent des Normands, sont en langue française ancienne et fort différente du français moderne. Mais la plupart du temps, c'est la coutume qui décide. Ce peuple est très subtil, chicaneur et processif, retenant en cela l'esprit de ses ancêtres normands. De là vient le dicton populaire qu'ils sont pourvus d'un appendice caudal, sans doute

---

1. Vingt-quatre soldats de l'armée espagnole ont été fait prisonniers ; huit, dont les noms seront tirés au sort, doivent être pendus. Parmi les prisonniers se trouve un Anglais, qui a la chance de tirer d'abord un bon numéro lui assurant la vie sauve. Mais, témoin du désespoir d'un Espagnol qui n'ose se décider à plonger la main dans le casque contenant les billets, il fait marché avec celui-ci pour 10 écus et se substitue à lui avec une parfaite insouciance. Cette fois encore la fortune le favorise. P. 76.

avant que la découverte scientifique de Copernic soit acceptée de tous. Dans l'édition de l'*Euphormion* de 1674, le bon Bugnot, commentateur de Barclay (¹), place au bas de ce passage une note qui respire la plus entière méfiance à l'égard de ce prétendu mouvement de la terre. Il aime mieux s'en rapporter à la Bible.

Barclay consacre quelques pages à la situation religieuse de l'Angleterre. Il s'élève contre la richesse excessive des couvents, contre la multiplicité des sectes rivales, dont l'opiniâtreté inouïe ne redoute ni les juges, ni les tourments, ni la mort. N'a-t-on pas vu un père constituer une Église qui ne comprenait que ses trois fils et lui-même ! Et encore, au sein de cette petite Église, des dissidences n'ont pas tardé à éclater ; à la suite d'excommunications réciproques, elle a fini par se scinder en trois sectes nouvelles. Voilà où les Anglais ont été conduits, par l'orgueil de vouloir être plus sages que les autres et par « le *plaisir de dogmatiser* sans être repris ni contraints par aucune autorité ecclésiastique ni séculière » (²).

---

1. Dom Gabriel Bugnot, bénédictin de la congrégation de Saint-Maur, né à Saint-Dizier, en Champagne, professa la rhétorique dans différents collèges de son ordre et mourut prieur de l'abbaye de Notre-Dame de Bernay, le 21 septembre 1673. Il faisait bien les vers latins et parlait la langue grecque avec facilité. Outre plusieurs ouvrages demeurés manuscrits, on a de lui : 1° *Vita et regula S. Benedicti carminibus expressæ.* Paris, 1662, in-12, réimprimé en 1665 et 1669 ; 2° *Sacra Elogia sanctorum ordinis S. Benedicti versibus reddita.* Paris, 1663, in-12 ; 3° *J. Barclaii Argenidis pars secunda et tertia*, sous le titre d'*Archombrotus et Theopompus*. Paris, 1669, in-8°, continuation de l'*Argenis*, qui fait le deuxième volume de l'édition *Variorum.*   (D'après Moréri.)

2. L'expression est de Bossuet, dans l'oraison funèbre de Hen-

toutes les conditions. Ils sont remarquablement doués pour la poésie. Mais, à l'étranger, ils ont le défaut d'importuner ceux de leurs compatriotes dont ils font rencontre, en leur réclamant des subsides comme si c'était un dû. Il semble bien que Barclay a eu personnellement à souffrir de cette mendicité superbe (*superba mendicitas*), et s'est vu parfois contraint à pratiquer une hospitalité par trop écossaise.

De l'Irlande il parle brièvement. Il dit la pauvreté des habitants, leurs misérables demeures, leur nourriture sordide, leurs vices, leur paresse extrême, mais aussi leur orgueil, leur endurance qui les rend insensibles aux intempéries, surtout lorsqu'ils se livrent à leur exercice favori, la chasse, leur amour de l'indépendance qui leur fait accepter cette existence si peu enviable. Toutefois, chez ceux qui habitent les villes ou les parties les plus tempérées de l'île, on rencontre des mœurs plus polies et un genre de vie plus civilisé.

Le chapitre V sur l'Allemagne débute, comme les précédents, par une esquisse géographique. Ce vaste pays, qui s'étend des Alpes à la Pologne, jadis sauvage, aujourd'hui embelli de nombreuses cités, est coupé en deux parties presque égales par le Danube, « prince des fleuves de l'Europe, qui chaque année grossit la masse puissante de ses eaux et ruine les ponts élevés sur ses rives » (¹).

Puis, nous avons quelques indications sur les hôtelleries du pays et sommes avertis que, si sur le Rhin

---

1. Pæne mediam Ister intersecat, in Europa fluminum Princeps, maremque alveum in annuorum pontium ruinam attollens, p. 97.

et dans le voisinage des Alpes on en trouve d'assez confortables, en revanche, celles de l'Allemagne du Nord sont fort sales et mal plaisantes. Barclay nous prévient aussi que la chaleur des poêles est pénible à supporter pour l'étranger et que, de plus, ils dégagent une mauvaise odeur qui se mêle à celle de la nourriture, au point de rendre parfois l'air irrespirable [1].

Le vice qui frappe le plus Barclay chez les Allemands, c'est leur amour excessif et inextinguible de la boisson [2]. C'est en leur tenant tête à table, le verre

---

1. « Un Allemand me fist plaisir à August (Augsbourg) de « combattre l'incommodité de nos fouyers par ce même argu- « ment de quoi nous nous servons ordinairement à condamner « leurs *poyles*. Car, à la vérité, ceste chaleur croupie, et puis la « senteur de ceste matière reschauffée, de quoi ils sont com- « posés, enteste la pluspart de ceux qui n'y sont expérimentés ; « moi non. Mais au demeurant estant cette chaleur égale, cons- « tante et universelle, sans lueur, sans fumée, sans le vent que « l'ouverture de nos cheminées nous apporte, elle a bien par « ailleurs de quoi se comparer à la nostre. »
MONTAIGNE, *Essais*, L. III, chap. XIII.

2. Cf. Sébastien MUNSTER, *Cosmographia*, édit. latine de 1552, p. 326 :
« Quantum vero attinet ad rationem hodierni victus, sciendum plerosque Germanos hodie in conviviis bellaces et strenuos esse, præsertim cum noctes et dies bibendo æquaverint ac omnes cyathos exsiccaverint. Nullas possunt nuptias, nulla convivia, nullos celebrare conventus, nisi ad extremam ebrietatem alter alterum ad pocula invitet atque ita repleat, ut, quod dictu etiam pudendum est, coram servis ac vernaculis rursum potum evomat vinum, sub mensaque impudice meiat, non sine bonorum et Deum timentium virorum summa exsecratione. Et cum semiamens, imo demens potius in stratum collocatur, tum triumphus ingens excitatur, tum risus, tum cachinnus exoritur... sq. »
Cf. aussi DE LANCRE, *Tableau de l'inconstance et instabilité de toutes choses*. Paris, Vᵉ L'Angelier, 1610, L. IV, disc. II, p. 399 sq. « Que l'Alemant est plus amy de Bacchus que toute autre nation. »

en main, que souvent on conquiert la faveur des princes. Convier à boire est la plus grande civilité de ce pays; alliances et amitiés se scellent en buvant.

A côté de ce défaut, le caractère allemand présente de sérieuses qualités, la franchise, le respect de l'autorité et des magistrats. Cette nation a la bonne fortune de n'être pas agitée par les querelles religieuses, comme la France et l'Angleterre. Il faut faire exception cependant pour l'Autriche et la Bohême.

Barclay définit fort bien la science allemande : l'esprit un peu massif de ce peuple le rend propre aux travaux de longue durée qui exigent de la constance, si bien que les autres peuvent mieux savoir, eux savent davantage (¹).

Les Allemands aiment les voyages et retiennent pour l'imiter ce qu'ils ont vu au dehors, mais n'accordent chez eux aucune dignité aux étrangers.

De nouveau sont louées leurs qualités, loyauté, simplicité, pudeur, bonhomie, courage, esprit industrieux. N'est-ce pas en Allemagne qu'ont été inventées l'imprimerie et la poudre à canon ? On ne saurait dire d'ailleurs si c'est pour le bonheur ou pour le malheur de l'humanité.

Mais, ce qu'il y a de plus magnifique en cette nation, c'est qu'elle a hérité du nom et de l'aigle de l'empire romain. Toutefois, si l'empereur impose par la grandeur de son titre, sa puissance effective s'est singulièrement réduite. Tandis qu'en France et en Angleterre

---

1. Vis mentium ut opaca, ita ad æternitatem laborum est robusta, ut cæteri melius quidem scire, illi vero plura possint, p. 103.

que la tristesse de la nuit exalte le sentiment religieux, tandis que le charme de la lumière le dissipe (¹).

Mais, si les étrangers sont séduits par la beauté des monuments de l'Italie, ils jugent, en revanche, fort déplaisantes la saleté des hôtelleries, la détestable cuisine qu'on y sert, la malpropreté des lits pleins de poux et de punaises, la mauvaise humeur des hôteliers et l'extrême cherté des prix.

Néanmoins, les voyageurs viennent en grand nombre en ce pays. Les jeunes gens des diverses nations y lient aisément connaissance et s'y créent de fort agréables relations, se constituant ainsi comme une sorte de patrie commune et temporaire.

Extrêmement polis, les Italiens accentuent encore leur courtoisie par une gesticulation exubérante. Ils ont des amitiés très vives et des haines très tenaces, d'autant plus dangereuses qu'ils savent les dissimuler, guettant l'heure propice à la vengeance. La subtilité d'esprit de cette nation la rend très défiante ; elle est aussi fort cruelle, ainsi que le prouvent de nombreux empoisonnements, meurtres, actes de brigandage exécutés avec une férocité inconnue aux voleurs de grand chemin de France et d'Angleterre.

Malgré la communauté de la langue, l'Italie présente une grande variété de mœurs, par suite de son morcellement en beaucoup d'États, de la diversité des gouvernements et des traces qu'ont laissées les occupations étrangères. Rome, après son passé si glorieux,

---

1. Adeo religionis sensum putant tristitia noctis elatum et per lucis jucunditatem expirare, p. 130.

tombée dans l'abjection à la suite des invasions bar-
bares, est aujourd'hui réduite sous la puissance des
papes et impose encore le respect au monde par la
majesté non plus des armes, mais de la religion. Le
royaume de Naples se distingue par le faste de sa noblesse. Une oligarchie opulente domine en souveraine
la république de Venise. Mais les autres républiques
ont dû se placer sous la protection des rois et des
princes qui, en échange, exigent d'elles de grands
subsides ; d'où la nécessité pour ces États de s'enrichir. Le Milanais offre un mélange heureux des qualités du génie français et du génie italien, mais de
leurs défauts aussi.

On ne saurait refuser aux Italiens la finesse, la vi-
gueur, la persévérance, la sobriété, l'économie, l'apti-
tude à la conduite des affaires de la république. Beaucoup d'entre eux, écrivant bien le latin, le parlent mal,
et même l'italien, par la façon dont ils le prononcent,
semble n'avoir plus de conformité avec le latin, dont
il provient. Leurs poètes sont justement renommés,
qu'ils aient écrit en latin ou dans la langue vulgaire.
L'histoire doit aussi beaucoup à ce peuple(¹), ainsi
que la théologie et la philosophie, en un mot, tout ce
qui est du domaine des muses. Pour conclure, l'Italie
donne le spectacle des plus saintes vertus et des pires
forfaits. Ainsi qu'on l'a dit de l'Attique, nulle part la
ciguë n'est plus vénéneuse, nulle part les abeilles ne
remplissent leurs cellules d'un miel plus doux.

---

1. Barclay désigne, sans les nommer, mais d'une manière
assez claire, Machiavel et Guichardin, p. 142.

Comme toujours, c'est par une rapide description du pays que s'ouvre le chapitre VII sur l'Espagne. Barclay signale surtout la pauvreté, la sécheresse, la stérilité du sol, sauf en quelques parties arrosées et fertiles, la rareté des villes et des hôtelleries. La race espagnole est robuste, patiente, apte à supporter les fatigues et les privations de la guerre. Essentiellement belliqueuse, elle a, depuis les temps anciens, combattu pour son indépendance contre Rome, contre Carthage, contre les Maures. Barclay résume en quelques pages l'histoire de ces guerres et des agrandissements successifs de l'Espagne en Europe et dans le Nouveau Monde, jusqu'au règne de Philippe II. De là, chez cette nation, un immense orgueil, une gravité altière qui va jusqu'à une emphase et une bouffissure choquantes. Les Espagnols sont sobres et fort économes, sauf en ce qui concerne leurs vêtements ; car ils aiment à paraître. Si un peu de pain et de salade leur suffit d'ordinaire, ils sont gens à se régaler très volontiers et amplement, quand c'est aux frais d'autrui. Chez les pauvres, même fierté et même arrogance que chez les riches. Ainsi, on a vu un savetier mourant donner à son fils, savetier comme lui, ce conseil suprême : « Souviens-toi de te maintenir à la hauteur de la majesté de ta maison(¹). » En somme, les Espagnols, malgré leurs grands airs d'hidalgos, se contentent souvent de situations fort modestes.

---

1. Ut, inquit, memineris in majestatem assurgere familia tua dignam, p. 151.

Barclay place encore ici une autre anecdote, également caractéristique.

On n'est pas peu surpris du jugement nettement défavorable que porte Barclay sur l'état des lettres en Espagne. Il ne voit guère que la philosophie, la jurisprudence et la théologie qui y soient cultivées avec zèle (¹). Mais cette politesse que donne l'étude des lettres grecques et latines n'y est pas recherchée ; l'*humanitas* et l'élégance sont bannies de l'enseignement. Barclay semble tenir assez peu de compte des ouvrages écrits par les Espagnols en leur propre langue, qu'ils aiment, dit-il, à avoir pour la dignité de leur nation. Ici Bugnot proteste, à juste titre, et réclame en faveur des romans de chevalerie. Il eût pu réclamer également pour Lope de Vega, pour Cervantès, qui a publié en 1605 la première partie de son *Don Quichotte,* pour nombre d'autres auteurs qui, à l'époque où écrit Barclay, font de la littérature espagnole une des plus riches et des plus brillantes littératures de l'Europe. L'amour du grec et du latin aveugle un critique plus avisé en d'autres matières. Au reste, dans le chapitre sur l'Angleterre, j'ai vainement cherché le nom de Shakespeare.

Un autre trait du caractère des Espagnols, c'est la lenteur et la dissimulation qu'ils apportent dans leurs conseils. Habiles à couvrir du prétexte de la religion leurs menées ambitieuses, ils se posent en exécuteurs de la volonté divine et envoient de préférence comme ambassadeurs des moines.

---

1. Bugnot indique en note quelques-uns des théologiens, philosophes et savants espagnols : Averroës, Avicenne, Suarez, Mendoza, etc., et vante les universités de Salamanque, d'Alcala de Henarez, et celle de Coïmbre, fondée par Jean II, roi de Portugal.

C'est un sujet d'étonnement que, avec très peu d'hommes, ils puissent conserver un empire si vaste, dispersé sur toute la surface du globe, et que, grâce au renom de la richesse des Indes, qu'exploite une grandiloquence habile et rusée, ils arrivent à maintenir leur crédit.

Cette vanité, cette enflure ne choquent pas chez les Espagnols, parce qu'elles sont naturelles et n'ont rien d'affecté. Très polis et très affables, ils veulent aussi qu'on les aborde avec courtoisie et même cérémonieusement. La flatterie les séduit, mais on doit se garder de croire aux promesses dont ils sont prodigues.

Le chapitre VIII traite des Hongrois, Polonais, Moscovites et autres nations septentrionales. La Hongrie, riche en céréales et en bétail, exporte chaque année plus de cent mille bœufs en Allemagne et dans les pays d'alentour. Elle produit des vins excellents ; l'air y est salubre, sauf en automne, où des précautions sont à observer pour les étrangers, en raison des nuits très froides succédant à de très chaudes journées. Barclay en parle par expérience, ayant visité le pays. Les Turcs ont infligé de grands désastres à la Hongrie et en ont conquis une partie. Les soldats étrangers venus à son secours ont fait pénétrer chez les indigènes quelque chose de leur humeur, altéré les mœurs nationales et introduit parmi les populations des campagnes des habitudes de brigandage. Chez les nobles se sont conservés des sentiments plus élevés. Ces *magnats* se présentent avec un aspect vraiment majestueux, vêtus de longues robes à la mode orientale, principalement de couleur rouge ou bleue, et le cimeterre au côté. Cavaliers superbes, fiers, riches, indépendants, attachés fortement à leurs privilèges, ils nourrissent contre les Turcs une haine opiniâtre et sont hostiles aux Allemands. Leur loyauté au demeurant est douteuse.

Il existe chez eux un magistrat qu'ils nomment le Palatin, dont le rôle est fort important ; car il a le droit d'opposer son *veto* aux décisions du roi concernant la chose publique.

Les Illyriens et les Dalmates habitent un pays hérissé de montagnes sur lesquelles règne un perpétuel hiver ; les vallées, assez peuplées, jouissent d'une température plus douce. Ces peuples dépendent de maîtres divers dont ils ont adopté les mœurs. Seuls, les ports sont un peu fréquentés par les étrangers.

Braves et audacieux, les Illyriens et les Dalmates fournissent d'excellents soldats aux armées turques et quelques-uns font partie du corps des janissaires à Constantinople.

Dans les immenses plaines de la Pologne, où le vent du nord se donne libre carrière, n'étant arrêté par aucune montagne, sévissent des hivers extrêmement rigoureux ; terre, fleuves, tout est gelé. Mais de vastes et profondes forêts prodiguent le bois nécessaire au chauffage et abritent des animaux dont les peaux donnent de très précieuses fourrures. On y trouve aussi de nombreux essaims d'abeilles sauvages, qui produisent en abondance un très bon miel, d'où l'on tire l'hydromel, boisson fort appréciée des Polonais.

Sur la glace des rivières et des marais, ils circulent en traîneau ; c'est le moment des échanges commerciaux ; ils trafiquent surtout de cire et de pelleteries. Leurs maisons sont pour la plupart construites en bois et couvertes de paille. De leurs hôtelleries, Barclay donne une triste idée, dépeignant les chambres vides, aux murailles percées de trous par où pénètre la lumière, ouvertes aux vents et au froid. Ni lits ni tables ; de la paille étendue par terre et, pour tout mobilier, des clous fixés au mur où les hôtes de ce logis si peu engageant accrochent leurs effets. Aussi, pour voyager en Pologne, doit-on, en quelque sorte, transporter avec soi sa maison, lit et literie, vivres, etc.

Cette nation farouche et portée à la licence a renoncé à grand'peine à la loi barbare qui permettait le rachat du meurtre par une petite somme d'argent. Elle est fort libre en matière religieuse et très présomptueuse.

Comme la Pologne, la Russie ou Moscovie subit, pendant de longs mois d'hiver, les rigueurs d'un froid aigu et pénétrant. L'été y éclate avec violence et, par sa chaleur soudaine, mûrit les fruits, même les melons. Ici encore, les forêts couvrent d'immenses territoires, donnant aux habitants la cire et le miel ainsi que la dépouille des animaux sauvages. La population, quoique nombreuse, est loin d'être en rapport avec l'étendue du pays. Cette nation née pour la servitude, féroce si elle voit quelque trace de liberté, paisible si on la contraint, accepte le joug de son prince, dont elle se reconnaît l'esclave, lui accordant tout pouvoir

sur la vie, les corps et les biens de ses sujets (¹). Cette
obéissance absolue, ils l'imposent aux étrangers eux-
mêmes. Les grands font peser sur leurs inférieurs leur
autorité, comme le souverain fait peser la sienne sur
eux. Profonde est l'ignorance de ce peuple. Souvent
en lutte avec les Tartares ou les Polonais, récemment
aussi en proie à des dissensions civiles, ils aiment la
guerre ; leur armée, toute composée de cavalerie,
attaque avec une grande impétuosité. Mais, dès qu'ils
tombent dans le découragement, ils n'opposent plus
aucune résistance et se laissent tuer sans demander
quartier. Nation prudente, rusée, suspecte à bon droit
aux marchands, adonnée à l'ivresse. En Russie, les
épouses, soumises à une longue captivité, ne se croient
bien aimées de leurs maris que quand elles sont bien
battues. Barclay le prouve en contant l'anecdote suivante : Un Allemand, appelé Jordann, ayant pris
femme en Moscovie, voyait, malgré toutes les marques
d'amour qu'il lui donnait, sa moitié mécontente et
triste. Comme il lui demandait la cause de son cha-
grin, il apprit d'elle qu'elle ne se croyait pas aimée,
parce qu'il ne l'avait jamais battue. Jordann alors la
traita selon son désir, la bâtonna, et même au delà de
ses vœux, puisqu'il lui rompit certain jour un bras et
une jambe.

De la Chersonèse Cimbrique (Danemark), sont
sortis les Cimbres, les Goths, les Vandales, qui ont
ravagé une partie de l'Europe et de l'Afrique, ainsi

---

1. Servituti gens nata, ad omne libertatis vestigium ferox est ;
placida si prematur. Ultro fatentur Principi se servire ; illi in
suas opes, in corpora vitamque jus esse, p. 170.

que les Northmans, qui possédèrent longtemps l'Angleterre et la Neustrie, appelée de leur nom Normandie. Comment donc s'est tarie cette source de peuples (*velut fons gentium*) qui paraissait inépuisable ? Car en ce pays, maintenant, les villes sont rares, les habitants peu nombreux. La raison en est que, si jadis l'excès de population sur un sol assez pauvre obligeait la jeunesse d'aller chercher d'autres contrées où se fixer, aujourd'hui l'habitude de boire et de manger avec excès a affaibli la force génératrice de ce peuple ; à peine se reproduit-il assez pour les besoins de son propre pays. Les Danois boivent plus que les Allemands et, du matin au soir, absorbent eau-de-vie, vin et bière, au point qu'on est obligé souvent de les reporter en leur logis. Au reste, c'est une nation honnête et fidèle à sa parole.

La Norvège ne compte aussi que peu d'habitants. Nulle part ne poussent de plus beaux arbres pour la construction des navires. Ce peuple est rude, mal famé et pratique la sorcellerie, jusqu'à vendre le vent à ceux qui sont sur le point de s'embarquer. Combien y est cruelle la rigueur de l'hiver, c'est ce que le roi Jacques Ier éprouva. Il s'était fiancé à Anne, fille de Frédéric II, roi de Danemark ; mais, quand celle-ci voulut se rendre en Écosse, les vents contraires la rejetèrent plusieurs fois sur les côtes de Norvège ; c'était l'effet des maléfices d'une sorcière qui fut, peu de temps après, punie de son crime. Jacques, que l'amour rendait impatient, se décida alors à aller trouver sa fiancée et, quoique l'on fût déjà en plein hiver, il partit. Après avoir essuyé mainte tempête, il arrive en

Norvège, mais il y trouve un tel froid qu'il a un doigt
gelé et comme mort. Il le guérit en le plongeant dans
un vase plein de neige. Barclay raconte avec un grand
luxe de détails la mésaventure de ce doigt royal ; nul
doute qu'il ne les ait recueillis de la bouche même de
l'auguste victime que ne respectèrent point les frimas
norvégiens.

C'est dans une haine commune qu'il réunit les
Turcs et les Juifs pour en faire le sujet de son neu-
vième chapitre. La farouche nation des Turcs est née
pour la ruine des cités, des arts et des sciences, mais
doit ses succès plutôt à nos vices qu'à ses vertus. Ils
ont un dévouement aveugle et fanatique à leurs princes, sous la conduite desquels ils ont conquis tant de
pays. L'histoire de ces conquêtes est ici résumée, jusqu'à la prise de Bude et au siège de Vienne. Quelle
honte pour l'Europe de n'oser rien entreprendre
contre les Turcs et de leur envoyer des ambassadeurs !

Cette nation s'est amollie dans la prospérité ; on
voit les sultans marquer ouvertement leur préférence
pour des fils et filles de parents chrétiens, qu'on leur
a ravis et qu'on élève dans la foi de Mahomet. C'est
parmi ceux-ci qu'ils prennent leurs confidents, leurs
capitaines, les sultanes et les concubines. Le caractère des Turcs est grossier, bas, indigne de la liberté.
Ils se livrent à l'élève des troupeaux, habitent des
maisons incommodes et sans ornements. Les chrétiens n'ont pas en Turquie de plus cruels ennemis
que les renégats. Nulle part on n'a poussé plus loin
l'art de l'empoisonnement, ainsi qu'en témoigne l'a-
necdote longuement narrée qui nous montre le gou-

poursuite des richesses, diligente en tous les trafics, pratiquant l'usure, est partout esclave et s'est accoutumée à la sujétion, quoique ayant au cœur l'amour de l'indépendance. Les Juifs adoptent les mœurs des pays qu'ils habitent, mais n'en conservent pas moins avec ténacité le caractère de leur race et sont obstinément attachés à leurs superstitions. Ils répandent une odeur particulière, sont sales en leurs maisons et en leurs habits, même les plus riches d'entre eux. Il ne leur est permis de posséder ni armes ni biens-fonds. C'est d'ailleurs avec raison qu'on affaiblit les forces d'un peuple ennemi qui, s'il était le maître, nous traiterait d'une manière pire encore : *Recte vires adimuntur hostili populo et nos pejus, si polleret, mulctaturo.* C'est sur cette déclaration antisémite, digne du contreseing d'Édouard Drumont, que se termine la revue des différentes nations (¹).

Barclay va passer maintenant aux divers caractères et aux passions qui se rencontrent chez tous les peuples, sans distinction de pays. Nous revenons donc à des généralités qui offrent beaucoup moins d'intérêt que les pages précédentes et qu'il me suffira d'analyser très brièvement.

En étudiant au chapitre X les caractères de ceux qui sont prompts aux saillies et aux plaisanteries, de ceux qui ont une merveilleuse facilité d'élocution, de ceux au contraire dont l'esprit et la parole sont lents,

---

1. Il est à remarquer que Barclay ne dit rien de la Suisse. De Lancre (*op. cit.*) ne l'a pas omise, p. 446, liv. IV, disc. IV. *Comparaison des Suisses avec les François et autres nations, et de leur inconstance.*

bas, languissants et renfermés, gais, inconstants, etc.,
sont d'une psychologie quelque peu superficielle, et la
banalité des pensées a bien besoin d'être dissimulée
par les agréments du style. De temps à autre, une
anecdote vient réveiller l'intérêt, celle par exemple
dont La Trémouille est le héros [1].

On peut goûter dans le chapitre XII, relatif aux
esprits adonnés à l'amour, la façon dont sont analysées
les variétés de cette passion selon la fortune et le rang
de chacun, ainsi que l'histoire spirituellement contée
d'un tout jeune homme que l'amour rendit ardent au
travail, de paresseux et musard qu'il était auparavant.
Citons encore cette phrase, d'un sentiment assez ému
et d'un tour heureux, sur l'amour sans espoir qui,
avec une mélancolique volupté, se nourrit de sa propre
peine : « *Sin vero fortuna severior aut spem in lon-
gum produxerit aut hanc quoque sustulerit, tunc
etiam placet, et sibi ipsi miserabilis animus suam cla-
dem inter suspiria recognoscens, liquescit in delicatæ
tristitiæ voluptate* [2]. » Quant à l'amour entre per-
sonnes du même sexe, Barclay le juge bien hasardeux,
mais paraît en admettre la légitimité, à la condition
qu'il reste chaste.

Le chapitre XIII commence l'étude des caractères
dans les différentes situations sociales. Voici d'abord
les princes. Autres sont les passions chez les princes
légitimes et chez les tyrans, chez ceux dont le pouvoir
est héréditaire et chez ceux qui le tirent de l'élection.

---

1. P. 246.
2. P. 266.

Nous n'accompagnerons pas notre auteur dans une suite de lieux communs politiques, qui seront repris avec plus d'ampleur dans la délibération de l'*Argenis* sur la meilleure forme de gouvernement. De même ici l'avantage est accordé à la royauté sur la république et l'oligarchie, mais à la royauté héréditaire. Les pays qui élisent leurs rois s'exposent à de graves inconvénients. Exception cependant doit être faite en faveur du roi actuel de Pologne, Étienne Bathory, dont Barclay célèbre la sagesse. La royauté héréditaire, sans qu'il soit besoin de chercher à approfondir le mystère d'un pouvoir qui vient de Dieu, représente donc la meilleure forme de gouvernement. Nulle thèse n'était plus de nature à plaire au roi Jacques Ier.

Au sujet des grands, rien de saillant, sauf peut-être le portrait assez vigoureusement tracé du favori tout puissant, en qui Bugnot reconnaît Nogaret de Valette, duc d'Épernon.

Les analogies que l'on pourrait à la rigueur saisir entre quelques passages du chapitre XIV sur la cour et le chapitre correspondant de La Bruyère demeurent vagues et approximatives. Mais, étant donné le sujet, quelques rencontres d'idées devenaient à peu près inévitables.

Quoi de plus naturel que de trouver ici comme là le portrait du courtisan, l'énoncé des moyens de s'avancer à la cour, lieu de plaisir en apparence, mais en réalité foire ou marché où s'exerce un laborieux trafic ? Souvent, la faveur a une bien modeste origine ; elle naît d'un caprice du hasard, d'une occasion saisie au vol. *Adeo sæpe levi subitoque susurro admonemur*

*commodi venti qui, si audiamus, navem impellat ad
vota supra spem ac pæne invidiam sublimia.* Quelle
patience, quelle souplesse il faut au courtisan pour
seconder la fortune, c'est ce que Barclay expose, en
homme qui connaît l'art de faire sa cour aux rois. Il
peint avec humour la joie orgueilleuse du novice auquel
le prince a adressé la parole (¹), la folle prodigalité
de ceux qui se ruinent pour soutenir leur rang, l'atti-
tude des gentilshommes pauvres, les uns exhalant des
plaintes, les autres s'efforçant de faire bon visage.
Une anecdote agréablement contée fait ressortir les
différences de caractère qui existent entre ceux qui
sont nés riches et les enrichis. L'histoire de Mella et
de Cæpion (²), où se retrouvent sans doute des souvenirs personnels de Barclay, c'est déjà comme une première ébauche du conte charmant de Voltaire, *Jeannot
et Colin.*

L'excessive vanité est un défaut auquel, pas plus
que les enrichis, les militaires n'échappent, mais on
le pardonne plus aisément aux vieux officiers qui ont
bien servi leur pays.

En traitant au chapitre XV des magistrats et des
avocats, Barclay commence par s'élever contre la
vénalité des charges et des offices. Tout au moins,
puisqu'elle ne peut être évitée, les juges devraient-ils
s'acquitter de leur tâche avec conscience et impartia-

---

1. Quid si illos perfunctorio Principis nutu, aut verborum comi-
tate, beari contigerit, tunc vero solutis superbo gaudio articulis
pæne labare; qui adfuerint, quos tantæ gratiæ testes habuerint,
vix se tenentibus oculis perlustrare, p. 309.

2. P. 315.

lité. On les voit au contraire se laisser séduire par la
flatterie, par les supplications et la feinte humilité des
clients, et avoir pour leurs amis de funestes complai-
sances. Sans doute, ceux-là sont en petit nombre qui
obéissent ouvertement à leur cupidité. Mais d'autres,
par des artifices de procédure, font traîner indéfini-
ment les procès : les plaideurs sont livrés en proie à
la rapacité des clercs des juges et des avocats, qui
s'engraissent de leurs misères, *clientum miseriis sagi-
nantur*. Aussi faut-il plaindre ceux qui se confient aux
tribunaux.

Que la plupart des magistrats soient honnêtes,
pieux, équitables, Barclay ne le conteste pas. C'est
un beau spectacle à contempler que celui d'une au-
dience de ce corps grave et vénérable, mais à contempler de loin, sans avoir rien à attendre ni à craindre
de la justice. On pourra, dans ces conditions, se di-
vertir aussi de l'aspect animé qu'offre une salle de tri-
bunal, avec ses allants et venants, affairés, agités,
bourdonnants, tristes ou gais, véritable théâtre de la
folie humaine, *humanæ dementiæ scenam* ([1]).

A Rome, c'était un honneur de défendre ses clients
en justice, sans en tirer aucune rémunération. Aujour-
d'hui, les avocats exercent un véritable métier et leur
éloquence est mercenaire. Leur ingéniosité est grande
à trouver dans la loi même de quoi éluder le bon
droit. Si, chez les peuples où règne le droit romain,
que nous appelons droit civil, la connaissance de
cette science est nécessaire aux avocats, dans les pays

---

1. P. 331.

sans armes, forts seulement de leurs livres, qui, logés
en d'étroites chambrettes, ont fait combattre entre
eux ces contempteurs des Muses, sonnant pour ainsi
dire la charge aux princes et aux peuples, pour les
exciter à une guerre funeste, ruineuse, qui n'a pas
encore épuisé nos maux ni consumé toutes les
semences de sa cruauté !

Il est donc important de considérer quels sont les
hommes qui, en ces multiples tempêtes du monde,
tiennent le gouvernail des religions. Barclay met
d'abord à part ceux qui les ont fondées, soit que,
comme Moïse et Jésus-Christ, ils représentent la
vérité, soit qu'ils aient usé d'imposture, comme Mahomet. Puis il s'attaque aux hérétiques et en particulier
aux protestants. Il reconnaît que les vices de l'Église
et le relâchement de la discipline ont pu justifier les
premiers mouvements des réformateurs. Mais, ajoute-
t-il, l'orgueil et l'ambition de créer une secte nouvelle
les ont ensuite égarés.

Au sujet des prêtres et des prélats, il constate qu'un
trop grand nombre ne pensent à rien moins qu'à la
piété et au travail et font de leurs richesses un mau-
vais usage. Les biens donnés pour les hôpitaux et
l'entretien des pauvres, ils les emploient à acheter des
tableaux ou des antiquités, ou bien encore à satisfaire
de pires passions. Ils se croient quittes envers le ciel
quand ils ont dit chaque jour les prières qui leur sont
prescrites. Barclay s'indigne contre ce coupable oubli
de leurs plus saints devoirs envers les ouailles qui
leur sont confiées.

D'autres ne se servent de leur savoir, qui est réel,

que pour défendre leurs prérogatives et c'est leur ambition dissimulée qui les rend éloquents. Alors qu'ils semblent regarder le ciel seul et plaider la cause du ciel, à peine se séparent-ils de la terre (¹).

En face de ceux-là, Barclay place le portrait du véritable prêtre, tel qu'il existe heureusement, qui, se conformant à l'idéal de sainteté qui lui est proposé, est digne de tous les respects.

Puis il signale la passion, l'acharnement et, parfois même, la mauvaise foi des théologiens dans la controverse, se souvenant des polémiques de son père et des siennes propres contre divers adversaires, entre autres le cardinal Bellarmin. Mêmes querelles, au surplus, même âpreté de disputes chez les jurisconsultes, chez les médecins, qui pratiquent, chacun à leur manière, l'*odium theologicum*.

Pour conclure, Barclay divise en deux catégories tous les savants et lettrés, d'une part ceux qui vivent presque exclusivement dans les livres, assez sots au dehors et assez malpropres chez eux : de l'autre, ceux qui, outre qu'ils sont instruits, ont vécu dans le monde et se sont mêlés aux affaires. Sa préférence va sans hésitation à ceux-ci, bien qu'il admette que les premiers ne sont pas inutiles, à la condition que l'on sache de ce sable tirer de l'or.

Telle est dans ses grandes lignes l'œuvre par laquelle Barclay s'est inscrit sur la liste, fort longue, des moralistes du dix-septième siècle. Parmi ceux-ci, ses con-

---

1. Eo modo videntur omnes cælum intueri, unius cæli causam agere, tunc etiam a terra vix recedunt, p. 352.

temporains lui ont assigné un rang assez honorable. Il
a eu du succès surtout auprès du public lettré, capable
d'apprécier l'élégance de son style, auquel on doit
toutefois reprocher un peu d'obscurité, quelque dif-
fusion et l'abus des termes abstraits. Sa latinité est
d'ordinaire puisée aux bonnes sources et offre de fré-
quentes réminiscences des auteurs classiques, de Ta-
cite en particulier. Mais je remarque que l'*Icon* ne
porte que très peu de traces directes de l'imitation
de Pétrone(¹), dont l'*Euphormion* au contraire s'ins-
pire en maint passage, ainsi que je l'ai montré ailleurs.
Les souvenirs du *Satiricon* seront de même assez rares
dans l'*Argenis*.

Il faut nous demander maintenant ce que vaut chez
Barclay le peintre des mœurs et des caractères, et dans
quelle catégorie de moralistes il convient de le ranger. A juger l'œuvre dans son ensemble, on voit aisé-

---

1. Voici quelques traces de cette imitation directe que j'ai no-
tées au cours de ma lecture de l'*Icon*. Plusieurs se trouvent
dans l'histoire de Mella et Cæpion, où Barclay semble se souve-
nir de la façon de conter du *Satiricon*.

P. 39. Igitur sequestri animo *injecturi contemplationem* in
indolem populorum.

Cf. Pétrone, *Satiricon*, 12. Invicem Ascyltos *injecit contemplationem* super umeros rustici emptoris.

L'emploi de *cæpit* avec l'infinitif, si caractéristique du style
de Pétrone, n'est pas rare dans l'*Icon*.

P. 114. Rogare dominum cæpit. — P. 173. Largos gemitus
cæpit effundere. — P. 319. Cæpitque rogare. — *Ibid*. Instare
acrius cæpit.

P. 264. Ne... vel *inter* æquales *traduceretur*.

Cf. Pétrone, 87. Se derisum *traductumque inter* condiscipulos.

P. 205. Hæc non *perfunctorie* agitantem.

P. 317. Tanquam *perfunctoria* gravitate.

Cf. Pétrone, 11. Et me *cæpit* non *perfunctorie* verberare.

trouvé en contact avec des étrangers de tous les pays,
et de leur bouche a recueilli de précieux renseigne-
ments. Il a pris soin plusieurs fois de nous avertir
qu'il tenait tel détail d'une personne bien informée
ou ayant visité le pays. Il s'est donc jusqu'à un certain point documenté par lui-même :

...Mores hominum multorum vidit et urbes ([1]),

et, pour le reste, a su écouter et retenir, sans parler
de ce que lui ont appris les livres. Le sujet qu'il traite
est d'ailleurs bien à sa portée ([2]). Les types représenta-
tifs de chaque nation qu'il s'est plu à esquisser ont des
traits accusés ; tout les différencie, le costume, le climat,

---

d'après plusieurs des biographes de Barclay, la réalité des am-
bassades à lui confiées par le roi Jacques Ier auprès de Mathias,
roi de Hongrie, et de Charles-Emmanuel, duc de Savoie. Il est
certain cependant que le roi, sans le charger proprement d'une
ambassade, lui avait donné mission de porter à ces princes son
Avertissement aux rois et potentats de la chrétienté. Ce voyage
eut lieu en 1608 ou 1609. Nous avons une preuve formelle de la
visite de Barclay au duc de Savoie. Il rappelle, dans la dédicace
qu'il lui fait de l'*Apologia Euphormionis pro se* (1610), qu'il a
naguères été reçu par lui : « Capacissimus animus tuus, et per
omnem eruditionem lævigatus, nuper mihi in sacrario tuo, velut
de maturis et ad vera negotia otiosis litteris, pulcherrime elu-
xit. » (Éd. de Hack, p. 288.)

1. « Il connut les mœurs et les villes d'hommes nombreux. »
Horace, *Ep. ad Pisones*, vers 142.

2. Il ne faut pas oublier non plus que Barclay, dans l'*Euphormion,* avait tracé déjà, mais dans un esprit surtout satirique,
le tableau de diverses cours et de divers peuples. Bosius a écrit,
non sans emphase, au sujet de cet ouvrage : « Acutissimus poli-
ticus, Barclaius juvenis, viginti annorum, sub Euphormionis
nomine, ea prudentia et majestate omnium rerum publicarum
vitia et virtutes satirico sale perstrinxit ut universum orbem in
stuporem dederit. » (*Introductio in notit. rerump.*)

le genre de vie, les usages, la forme du gouvernement, la religion, la race. La peinture des mœurs est descriptive autant que psychologique. On est d'autre part soutenu par l'histoire, la politique, la géographie. Ne soyons donc pas surpris si cette partie de l'*Icon* est celle où Barclay a le mieux réussi à nous intéresser ainsi que ses contemporains, car elle offrait aux lecteurs du dix-septième siècle un attrait tout particulier, comme l'indique Bugnot dans l'introduction de l'édition de Hack :

« Accepte donc, cher lecteur, ce présent littéraire à « l'aide duquel tu pourras parcourir, même en restant « assis, l'univers entier et considérer les pays et les « mœurs des divers peuples, aussi bien ceux qui, « ignorants de toute culture, vivent encore au sein de « la barbarie que de ceux que la civilisation a formés « et polis ('). »

Le succès de l'*Icon* fut assez grand au dix-septième siècle et se prolongea jusqu'au dix-huitième, comme le prouve l'*Appendice bibliographique* qui fait suite à cette étude. On y trouvera la liste des éditions et des traductions en plusieurs langues de cet ouvrage. Beaucoup se placent entre 1623 et 1630, c'est-à-dire peu d'années après l'apparition de l'*Argenis*, qui dut appeler l'attention du public sur les productions antérieures de Barclay.

En France, nous n'avons que deux traductions de

---

1. Accipe ergo, mi Lector, hoc litterarium munus, cujus ope totum percurrere orbem possis vel sedens, et in situm moresque populorum intueri seu barbarica feritate incultorum seu politiori rerum agendarum disciplina informatorum.

l'*Icon animorum*, toutes deux du dix-septième siècle. L'auteur de la première, Nanteuil de Boham, fait, dans sa préface, un vif éloge du livre de Barclay, où, dit-il « personne ne peut être exempt de se trouver « despeint par un des plus beaux esprits qui ait jamais « entré en France, lequel, pour estre estranger, l'a mis « en langue latine, ce qui a été cause qu'il n'a pas été « cogneu.

« Ce qu'il a fait convient à toutes les conditions, « car d'avantage l'imagination du livre est bigearre, « subtile et véritable. Il fait la représentation des es- « prits de plusieurs courtisans, capitaines, soldats, « escoliers, Iuges, advocats, poetes, orateurs et méde- « cins. »

Si cette traduction contribua à donner l'idée de lire dans l'original le livre de Barclay, ce fut, ou peu s'en faut, son unique mérite. Tout d'abord, elle est incomplète. Nanteuil omet, au chapitre I, tout ce qui est relatif à la vieillesse depuis ces mots : *Excipit juventutem stata ætas.* Il supprime radicalement le chapitre XVI : *De divinarum scientiarum peritis deque Præfectis Religionum.* Au chapitre XIV, de *la Cour,* et ailleurs encore il pratique des coupures ou opère des transpositions. Ainsi, ce qu'il laisse subsister du chapitre I devient le chapitre XXVI et dernier et prend ce titre : *Nourriture et instruction des enfants.*

Ces infidélités ne sont pas rachetées, loin de là, par les qualités du style du traducteur. Il est difficile en effet d'en imaginer un qui soit plus lourd, plus pénible, plus rocailleux. Combien il a raison de s'excuser

« semblables. » Dans l'*Euphormion*, Vigneul-Marville
comprend sans aucun doute l'*Icon animorum*, qui com-
plète ce que le roman nous apprend sur plusieurs
États de l'Europe.

A la tête des *Traités préliminaires pour l'étude de
l'histoire moderne et du droit public par rapport à
l'histoire* (chap. X de sa bibliographie[1]), l'abbé Len-
glet Dufresnoy place l'*Icon animorum*. « Ce petit ou-
« vrage, écrit-il, est utile pour connaître les caractères
« de chaque nation ; chose nécessaire pour commencer
« l'étude de l'histoire moderne. »

Après avoir parlé des écrivains politiques, Morhof,
dans son *Polyhistor*, ajoute : « En cette classe se peu-
« vent encore ranger les auteurs qui ont écrit sur les
« mœurs des nations. Car ils sont très utiles aussi pour
« former à la connaissance de la politique soit un am-
« bassadeur, soit un homme qu'on établit en quelque
« magistrature. En ce genre je ne vois pas d'ouvrage
« très recommandable, à l'exception de l'*Icon animo-
« rum* de Barclay[2]. »

On aura remarqué que la plupart de ces jugements
visent surtout la partie de l'*Icon* où sont décrites les
mœurs des divers pays et à laquelle ce livre a dû

---

1. *Méthode pour étudier l'histoire*. Paris, Gandoin, 1729,
t. III, p. 50.

2. Referri huc etiam possunt auctores qui de *moribus gentium* scripserunt. Nam et illi multum conferunt ad prudentiam
civilem, vel Legati, vel Hominis in Magistratum constituti. Quo
in genere nihil novi, quod magnopere commendari debeat,
præter Joh. Barclaji *Animorum Iconem*.

Danielis Georgii Morhofii *Polyhistor Literarius, Philoso-
phicus et Practicus*, editio tertia.

Lubeck, P. Bœckmann, 1732, t. III, L. II, 16, p. 501.

principalement la durée de sa vogue. C'est là, en effet, nous l'avons dit, que Barclay se montre le plus original, car ce thème n'est pas de ceux que les moralistes du seizième siècle se sont appliqués à traiter. C'est au hasard des causeries où il s'engage que Montaigne relève parfois un trait de caractère propre à telle ou telle nation. Des Italiens, par exemple, il dira « qu'ils « se vantent, et avecque raison, d'avoir communément « l'esprit plus esveillé et le discours plus sain que les « aultres nations de leur temps » (¹). Mais les observations de ce genre sont en somme assez rares chez lui. Même dans son *Journal de voyage en Italie par la Suisse et l'Allemagne, en 1580 et 1581,* s'il note avec soin les curiosités qu'il rencontre, ainsi que les détails qui marquent la diversité des pays et des coutumes, il ne formule aucune appréciation d'ensemble sur le caractère des différents peuples qu'il a visités (²).

Quant à Bodin, il se contente, au chapitre I du cinquième livre de sa *République,* d'indiquer par des exemples les rapports qui existent entre les qualités physiques et morales des nations et leur forme de gouvernement (³).

---

1. Éd. J.-V. Le Clerc. Paris, Garnier, 1865, t. I, p, 449.

2. Cette appréciation n'entrait pas dans le dessein de son œuvre, car nul n'eût été plus apte que lui à la donner. Comme le fait justement observer M. Paul Bonnefon, « c'est un des « traits les plus saillants de la nature de Montaigne que le désir « de connaître en détail l'histoire et l'humeur des peuples étran- « gers. On peut affirmer que sa bibliothèque contenait tout ce « qui avait paru en son temps de plus propre à satisfaire cette « curiosité... sq. » *Montaigne et ses amis* (A. Colin, 1898), t. I, p. 258, L. III, chap. 1, « Montaigne chez lui ».

3. Voici les écrivains anciens ou modernes que Gabriel Naudé

On verra aussi les principaux moralistes du dix-septième siècle se borner à étudier l'homme en soi, ou, s'ils le situent en un lieu déterminé, c'est, comme le fait La Bruyère, à Versailles ou à Paris(¹). Pour

---

nomme parmi les prédécesseurs de Barclay dans la peinture des caractères des peuples :

« Pour ce qui est des inclinations des peuples et de leurs « diverses complexions, eu égard à la situation des lieux où ils « habitent et à leur tempérament, elles sont enseignées par « Hippocrate en son livre : *De l'air, des lieux et des eaux*, par « Albert le Grand, en son *Traité de la nature des lieux* ; par Jean « Bodin, en sa *Méthode de lire l'histoire*, en sa *République* et en « l'*Apologie* qu'il a faite pour la défendre ; et par Frédéric Bona- « venture, en son livre de l'*Enfantement à huit mois*, lequel « contient une agréable diversité avec une très grande doctrine. « Au regard des mœurs et des qualités que les peuples tiennent « d'ailleurs et qui prennent leur origine de divers accidents « particuliers, elles se trouvent amplement exprimées par les « *Auteurs des géographies*, par *Garcias* et par l'auteur sans « nom du livre intitulé : *Les questions Sfortianes*, dont le pre- « mier a dépeint par le menu tout ce qui est du naturel, de l'hu- « meur et de l'esprit des Espagnols et des Français ; comme « l'autre a particulièrement exprimé les artifices et les ruses des « Italiens et leurs façons communes de vivre et de se comporter « dans les affaires, et en chaque ville, et cela avec tant de dili- « gence qu'il ennuie et donne du dégoût assez souvent aux lec- « teurs les plus patients. » (*La Bibliographie politique* du Sr Naudé, traduit par Charles Challone, écuyer Sr de Messalines. Paris, 1632, p. 136.)

J'ai eu entre les mains l'ouvrage de *Fredericus Bonaventura* : *De partus octomestris natura* (éd. de Francfort, typis Mel-chioris Hartmanni, Impensis Nicolai Bassæi, in-fol., 1601), dont l'objet est de prouver, au milieu de digressions sans fin et de toute nature, qu'un enfant naît viable à huit mois. Au livre IV, on trouve quelques considérations sur la diversité des tempéra-ments selon les régions et les climats, mais où rien, même de loin, ne rappelle l'*Icon*. Je n'ai pu me procurer ni Garcias, ni les *Sfortianæ quæstiones*.

1. « Sous le long règne de Louis XIV, la société française était restée presque exclusivement nationale : la cause en est essen-tiellement dans l'état de guerre perpétuel où nous étions alors

celui-ci, les mœurs des autres nations semblent n'avoir aucun intérêt. Il n'a pas voyagé hors de France, et les particularités que pourrait présenter la psychologie d'un Italien, d'un Hollandais ou d'un Moscovite n'éveillent en aucune façon sa curiosité. Il n'a pas prêté grande attention aux touristes anglais ou allemands auxquels sont « en proie » (¹) les monuments que l'on visite et, si les ambassadeurs siamois, qui firent sensation, lui inspirent une remarque, c'est que « la rai-« son est de tous les climats », et que « l'on pense juste « partout où il y a des hommes » (²).

Le thème des caractères des divers peuples semble avoir été abandonné au dix-septième siècle à des écrivains de second ordre comme Quillet qui, au livre IV de son poème latin *la Callipédie* (Leyde, 1655), nous donne les portraits des Anglais, des Allemands, des Italiens, des Espagnols, des Français. Dans la peinture qu'il trace de ces derniers, j'incline à reconnaître des réminiscences de Barclay (³).

---

avec les trois quarts des puissances, à quoi s'ajoutait cet orgueil, ancré dans l'âme des sujets du grand Roi, qui leur faisait considérer la France comme l'unique foyer des lumières, tandis que les peuples voisins végétaient dans les limbes d'une demi-barbarie. » Marquis DE SÉGUR, *Julie de Lespinasse. Revue des Deux-Mondes,* 1ᵉʳ juillet 1905, p. 51.

1. Chap. xiii, de la *Mode*, 2.

2. Chap. xii, des *Jugements*, 22.

3. On peut indiquer encore, au nombre des écrivains qui ont touché à ce sujet, Pierre DE LANCRE, déjà cité plus haut, auteur du *Tableau de l'inconstance et instabilité de toutes choses...*, avec un livre nouveau de l'*Inconstance de toutes les nations principales de l'Europe. Et la comparaison entre elles.* Paris, 1610, chez la veuve Abel L'Angelier.

BALZAC traite la question partiellement dans le *Prince ;*

rusalem ([1]) et quelques feuilles de l'*Histoire de l'Eu-rope*. J'ignore s'il est resté quelque chose de ces ma-nuscrits. Mais rien n'empêche d'admettre que le projet de ce dernier ouvrage ait été réellement conçu par Barclay, et même ait reçu un commencement d'exécu-tion. Les chapitres de l'*Icon* où est esquissée la phy-sionomie de chaque nation européenne pourraient en effet être considérés comme une sorte d'introduction à l'histoire de l'Europe.

J'ai voulu, par cette courte étude sur l'*Icon animo-rum,* réparer une omission que commettent la plu-part des historiens de la littérature. On néglige cette œuvre, — parce qu'elle a été écrite dans une langue morte, — quand on établit la suite des moralistes au dix-septième siècle. L'*Argenis* est chez nous le plus souvent victime du même injuste oubli, lorsque l'on trace le tableau du genre romanesque au même siècle. Son tort fut aussi d'avoir été composée en latin, et par surcroît, assez méchamment traduite.

On s'est demandé si, parmi nos moralistes, La Bruyère, dont le genre s'éloigne le moins de celui de l'*Icon,* avait lu ce petit livre. M. Dukas ([2]) a signalé quelques points de ressemblance entre la seconde par-tie de l'ouvrage de Barclay et les *Caractères*. « Les « sept derniers chapitres de l'*Icon,* dit-il, se compo-« sent de dissertations sur les diverses natures d'es-

---

1. He lasciato dopo se l'Historia de *Bello sacro* ch'è la me-desima c'ha il Tasso cantato nel suo Goffredo. (Vie de Jean Barclay.)

2. *Etude bibliographique et littéraire sur le Satyricon* de Jean BARCLAY. Paris, Techener, 1880, p. 25.

Pour instituer ces rapprochements, il faut s'en tenir, ou peu s'en faut, au titre des chapitres et ne considérer que quelques idées générales communes à la plupart des moralistes. Si dans le plan de La Bruyère on arrive, en y mettant de la bonne volonté, à entrevoir une vague analogie avec celui de Barclay, c'est l'effet d'une simple coïncidence(¹). Dans les *Caractères* de La Bruyère, je n'ai pas entrevu un trait, une pensée qui puisse faire croire à une imitation ou à une réminiscence de l'*Icon*. On sait d'ailleurs combien est délicat le problème des sources de La Bruyère. Nul ne mit plus d'art à s'approprier ses emprunts en les frappant à la marque si personnelle de son style. A-t-il lu par hasard, lui qui lisait beaucoup, cette *Icon animorum*, œuvre assez démodée pour la génération littéraire à laquelle il appartenait ? Est-ce un des livres qui ont pu lui suggérer l'idée, si toutefois il a eu besoin que cette idée lui fût suggérée, de peindre non seulement l'homme en général, comme on l'avait fait surtout jusque-là, mais encore dans les diverses conditions sociales ? Cette hypothèse serait très flatteuse pour Barclay; mais je l'estime bien invraisemblable.

---

1. M. E. Roy note également quelques rapports pour le plan entre les *Caractères* de La Bruyère, et le livre de la *Prudence*, de Charles Sorel, qui fait suite au *Chemin de la Fortune*. (*La vie et les œuvres de Charles Sorel*. Paris, Hachette, 1891, p. 391.)

IOANNIS BARCLAII Icon animorum, Francofurti apud Danielem et Davidum Aubrios et Clementem Schleichium. Anno MDCXXV. 187 pages in-8°.

IOANNIS BARCLAII Icon animorum. Lugd. Batav. apud Elzevir. 1625. In-24.

Catalogue Claudin, janvier-février 1906, avec la note suivante : « Petit volume rare et curieux, non mentionné par Willems. C'est, selon nous, un faux Elsevier. »

JOANNIS BARCLAII Icon animorum quæ est quarta pars Satyrici. 1625. In-12. Londres(?) [R. Watt. *Bibl. britt.*].

L'existence de cette édition, qui ne se trouve pas au British Museum, est contestée par Dukas, *op. cit.,* p. 48.

IOANNIS BARCLAII. Icon animorum emendata novissime. Mediolani, typis Ludovici Montiæ, 1664, petit in-12.

IOANNIS BARCLAII Icon animorum. Francofurti et Marpurgi. Sumpt. Christiani Hermsdorffii, typis Hummii. 1668, In-12.

IOANNIS BARCLAII Icon animorum. Editio Indice capitum, Rerum et Verborum auctior. Francofurti. Sumpt. Christiani Hermsdorffii, Literis Wurtianis. Anno 1675, petit in-12, 182 pages. Index de 43 pages (non paginé).

Le frontispice représente une Minerve tenant de la main droite un écusson dont le bord pose à terre et où on lit : *Joannis Barclaji Icon animorum.* A sa main gauche est suspendu un miroir ovale sur lequel sont inscrits ces mots : *Suum cuique* et où, avec des gestes de surprise, un noble et un gueux à la Callot regardent leurs images. Au bas de la gravure : J. P. Thélott sc.

IOANNIS BARCLAI Icon animorum celeberrimi Viri Augusti Buchneri Notis adjecto Rerum indice illustrata cum Privilegio Electorali Saxonico. Dresdæ. Martini Gabr. Hübneri sumtibus excud. Christian Bergen. Anno Christi MDCLXXX.

Frontispice : Une main dans les nuages présente à une foule cosmopolite qui se presse dans une plaine un grand miroir

Anglaises.

THE MIRROUR OF MINDES or B (*arclay*) 's Icon animorum.
Englished by Th. M (*ay*), Esq. 2 parties, in-12. London.
J. Norton. Printed for Th. Walkley. Dedicated sq. 1631.

La deuxième partie a une pagination spéciale, mais la table
des matières est commune aux deux parties.
Id. Deuxième édition, *ibid.* London. 1633. In-12. Même titre.

Françaises.

LE POURTRAIT DES ESPRITS de Jean Barclai, mis en Fran-
çois, à Reims chez N. Constant, Imprimeur du Roy,
N. Hecart et F. Bernard, Imprimeurs en l'Université.
MDCXXIII, in-12. 3 feuillets non paginés (Dédicace à
Mgr le duc de Genevois et de Nemours)[1], 430 pages.

L'auteur de cette traduction est Nanteuil de Boham, d'une ancienne famille de Champagne.

LE POURTRAIT DES ESPRITS de Jean Barclai mis en François.
Se vend à Paris chez Nicolas Buon, rue Saint-Jacques,
à Saint-Claude et au Sauvage. MDCXXV. Avec privilège du Roy. 3 feuillets non paginés et 430 pages, petit
in-12.

C'est la même édition que la précédente, avec un titre diffé-
rent.
Le privilège, du 23 novembre 1624, est aussi au nom de
Samuel Thiboust. L'exemplaire de la bibliothèque Mazarine,
n° 28,422, porte : *Se vend à Paris, chez Samuel Thiboust, au
Palais, en la Gallerie des Prisonniers,* et le reste comme ci-
dessus. (Dukas *op. cit.* p. 66.)

------

1. Henri de Savoie, duc de Genevois et de Nemours, frère
utérin de Henri de Guise et du Cardinal qui furent assassinés à
Blois, mort en 1632.

LE TABLEAU DES ESPRITS de M. Jean Barclay, par lequel on cognoist les humeurs des nations, leurs advantages et defaux, les inclinations des hommes, tant à cause de leurs propres naturels que des conditions de leurs charges. Nouvellement traduit du latin en françois. A Paris, chez Jean Petit-pas rue S. Iaques à l'Escu de Venise près les Mathurins. 1625, 8°, 443 p.

J'ignore quel est l'auteur de cette traduction dont M. Dukas (*op. cit.*, p. 69) a tort de mettre en doute l'existence. L'imprimeur avertit le lecteur qu'il « a fortuitement rencontré dans le « cabinet d'un homme d'honneur (décédé depuis quelque temps) « cette traduction du Tableau des Esprits de Barclay, ainsi que « sa Satyre d'Euphormion de Lusine. » Il ajoute qu'elle n'a pas été revue par l'auteur, « mais que si l'on goûte ce Tableau des « Esprits, il la fera revoir et polir par une meilleure main. »

Ces derniers mots semblent devoir s'appliquer à la traduction de l'*Euphormion*, publiée également en 1625, chez le même Jean Petit-pas, sous les initiales I. T. P. A. E. P. (voir DUKAS, *op. cit.*, p. 69-71).

III. — OUVRAGES RELATIFS A L' « ICON ANIMORUM »

Polonia defensa contra Joann. Barclaium (in his *Icon animorum*, chap. VIII), ubi occasione ista de Regno Genteque Polona multa narrantur, hactenus litteris non tradita, par L. Opalinski, 138 p. G. Förster. Dantisci, 1648, in-4°.

Polonia defensa sq., réimpression du précédent. 1747. Cf. Ostrowski Dancykowicz (J.) Swada Polskay Lacinska, t. II, 1747.

Les trois dissertations suivantes sont des thèses de l'université de Wittemberg, soutenues en 1680 et 1682. Elles ont pour sujets des chapitres de l'*Icon*, dont l'édition avec les notes de Buchner, professeur en cette université, venait de paraître en 1680.

1° De Galliarum genio ac dotibus ad Iconem animorum Joann. Barclaj, Illustrissimi Scriptoris, præside Georgio

Caspare Kirchmajero Orator. Prof. Publ. Disseret in Auditor. Maj. Wittebergæ. A. MDCLXXX ad. d. XXIV Novemb. Jacobus Eberhardus Rolfinck Holmia Soecus. Typis Christiani Schrödteri, 32 p., petit in-4°.

2° De Britanniæ Magnæ Speciatim Angliæ et Scotiæ genio, dotibus ac moribus ad Iconem Animorum Joann Barclaj, præside Georg. Casp. Kirchmajero Orator. Prof. Publ. In Electoral. Acad. Witteberg. Audit. Maj. Ann. MDCLXXXII. Ad. d..... Junii disseret Johannes Güthreus, Aberbrothensis Scoto-Britannus. Ex officina Brüningiana, 22 p., petit in-4°.

3° De Angliæ regni genio, dotibus ac moribus, separatim ad Johann. Barclaj Icon Animor., præside Georg. Casp. Kirchmajero, Orat. in Electoral. Sax. Acad. Wittenberg. Prof. Publ. Disseret in Auditor. Majori, ad. d..... Julii anno MDCLXXXII Petrus Theodorus Le Cerf, Magister Parisiensis, Cadomo-Gallus. Medicinæ cultor. Wittenbergæ. Imprimebat Matthæus Henckelius, Acad. Typogr. 22 pages, petit in-4°.

Ces trois thèses sont des commentaires dépourvus d'intérêt de deux chapitres de l'*Icon*. Elles nous font du moins voir que le livre de Barclay, enrichi des notes d'A. Buchner, était en grande faveur à l'université de Wittemberg et, à ce qu'il semble, plus particulièrement auprès du professeur Kirchmajer, président des trois thèses. C'est en des termes dithyrambiques que l'auteur de l'une d'elles, Rolfinck, s'exprime sur l'*Icon* :

« Quod inter fortunæ bona aurum, inter auri ornamenta annulus, in annulo est gemma pretiosior, id inter scriptores ævi nostri est Barclajus, in Barclajo Icon animorum, in Icone Galliarum elegans delineatio. »

CPSIA information can be obtained at www.ICGtesting.com
Printed in the USA
BVOW08s2014081014

370052BV00012B/186/P